BEI GRIN MACHT SICH IHR WISSEN BEZAHLT

- Wir veröffentlichen Ihre Hausarbeit,
  Bachelor- und Masterarbeit

- Ihr eigenes eBook und Buch -
  weltweit in allen wichtigen Shops

- Verdienen Sie an jedem Verkauf

Jetzt bei www.GRIN.com hochladen
und kostenlos publizieren

GRIN

Carolin Kautza

Mobbing in der Grundschule. Bestandsaufnahme und Analyse ausgewählter Präventions- und Interventionskonzepte

GRIN Verlag

Bibliografische Information der Deutschen Nationalbibliothek:

Die Deutsche Bibliothek verzeichnet diese Publikation in der Deutschen National-
bibliografie; detaillierte bibliografische Daten sind im Internet über http://dnb.d-
nb.de/ abrufbar.

Impressum:

Copyright © 2011 GRIN Verlag GmbH
Druck und Bindung: Books on Demand GmbH, Norderstedt Germany
ISBN: 978-3-656-30038-0

Dieses Buch bei GRIN:

http://www.grin.com/de/e-book/203327/mobbing-in-der-grundschule-bestandsauf-
nahme-und-analyse-ausgewaehlter

GRIN - Your knowledge has value

Der GRIN Verlag publiziert seit 1998 wissenschaftliche Arbeiten von Studenten, Hochschullehrern und anderen Akademikern als eBook und gedrucktes Buch. Die Verlagswebsite www.grin.com ist die ideale Plattform zur Veröffentlichung von Hausarbeiten, Abschlussarbeiten, wissenschaftlichen Aufsätzen, Dissertationen und Fachbüchern.

Besuchen Sie uns im Internet:

http://www.grin.com/

http://www.facebook.com/grincom

http://www.twitter.com/grin_com

Freie Universität Berlin

Fachbereich Erziehungswissenschaft und Psychologie

Sommersemester 2011

Exposé zur Masterarbeit:

Mobbing in der Grundschule -

Bestandsaufnahme und Analyse

ausgewählter

Präventions- und Interventionskonzepte

vorgelegt von:

Carolin Kautza

Abgabedatum: 05.10.2011

Wörter: 2120

Inhaltsverzeichnis

1 Zielformulierung der Studie

Im meiner geplanten Masterarbeit zu dem Thema *„Mobbing in der Grundschule – Bestandsaufnahme und Analyse ausgewählter Präventions- und Interventionskonzepte"* werden ausgewählte präventive und interventive Mobbingkonzepte im deutschsprachigen Raum dargestellt und untersucht. Es handelt sich hierbei um eine Literaturarbeit, das heißt, es handelt sich um eine theoretisch angelegte Studie. Innerhalb der Arbeit wird die Literatur dahingehend untersucht, welche aktuellen Präventions- und Interventionskonzepte es für Mobbing in der Grundschule gibt. Das Ziel der Masterarbeit besteht schließlich darin, Grundschullehrern[1] mithilfe eines selbst entwickelten Kriterienrasters ein Auswahlinstrument an Präventions- und Interventionskonzepten gegen Mobbing in der Grundschule zur Verfügung zu stellen, das ihnen ermöglicht, das richtige Programm entsprechend der eigenen Bedürfnisse und Ressourcen auswählen zu können.

2 Zielfragen der Untersuchung

Innerhalb der Masterarbeit sollen folgende Forschungsfragen beantwortet werden:

1. Was genau ist Mobbing?
2. Wie verbreitet ist Mobbing an Schulen und im Speziellen an Grundschulen?
3. Was sind die Ursachen für Mobbing?
4. Was sind die Auswirkungen von Mobbing auf den verschiedenen Ebenen (→ Täter, Opfer, Klasse, Schule)?
5. Gelingt es mir ein Kriterienraster für die ausgewählten Präventions- und Interventionskonzepte gegen Mobbing zu entwickeln?
6. Was resultiert aus der Untersuchung? Inwiefern unterscheiden sich die ausgewählten Konzepte?

---

[1] Im Folgenden wird aus Gründen der besseren Lesbarkeit die maskuline Form der themenspezifischen Substantive, wie Schüler, Lehrer usw. verwendet. Dabei meint diese stets die feminine Form in gleicher Weise.

1

3 Mind Map zum Begriff Mobbing

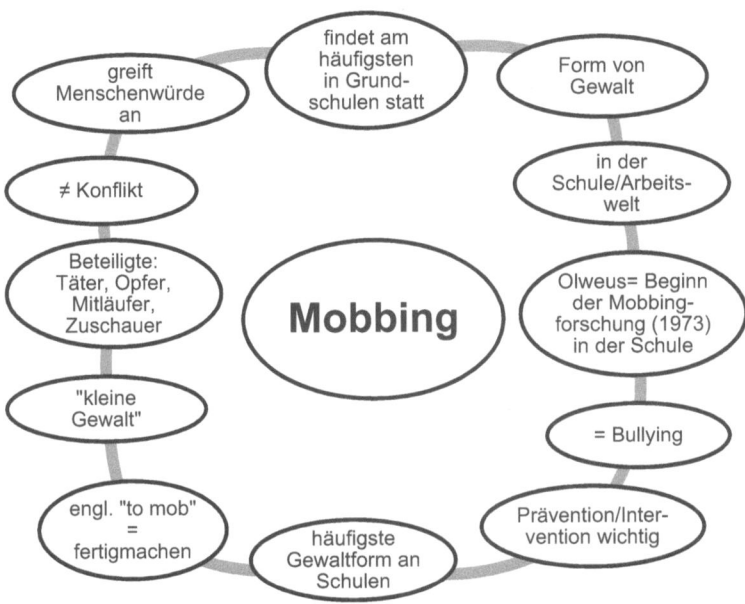

4 Begründung der Themenwahl

Die Auseinandersetzung mit dem Thema *Mobbing in der Schule* und hierbei vor allem die Beschäftigung mit präventiven und interventiven Konzepten gegen Mobbing, ist seit einer bundesweiten Befragung, welche vom Institut für pädagogische Psychologie der Ludwig-Maximilians-Universität in München unter der Leitung von Mechthild Schäfer im Jahr 2007 durchgeführt wurde, umso bedeutender geworden. Laut dieser Befragung wird jeder siebente Schüler an der Oberschule gemobbt, was wiederum bedeutet, dass wöchentlich 500.000 Schüler Opfer von Mobbinghandlungen sind. Hierbei wird angesichts der hohen Anzahl von schulischen Mobbingvorfällen Mobbing als eine Art Volkssport bezeichnet. Präventionsprogramme nehmen dabei eine wesentliche Rolle ein. Um Mobbing entgegenwirken zu können, muss einerseits das zivilcouragierte Verhalten

an der Schule gefördert und andererseits ein Bewusstsein für diese Problematik geschaffen werden, damit beim Mobbing nicht zugeschaut wird. Denn laut Schäfer würde Mobbing gar nicht existieren, wenn die „Zuschauer", das heißt die Lerngruppe und der Lehrer, nicht nur zuschauen, sondern handeln würden.

Dass mit der Prävention gegen Mobbing bereits in der Grundschule begonnen werden sollte, wird durch den Fakt verstärkt, dass die gesamten Forschungen über Gewalt an Schulen ergaben, dass sich Opfer- und Täterrollen schon in Grundschule beginnen zu festigen. Interventionsprogramme sind selbstverständlich ebenso essentiell, damit der Lehrer so schnell wie möglich agieren und auf diese Weise den Mobbingprozess abwenden kann, wenn es bereits zu Mobbing gekommen ist.

Ein weiterer Grund, weshalb die Auseinandersetzung mit Präventions- und Inventionskonzepten gegen Mobbing in der Grundschule von so großer Relevanz ist, liegt einer Studie zur Verbreitung von Mobbing in den jeweiligen Schulformen zugrunde. Diese Studie hat ergeben, dass nicht an den Oberschulen, sondern an den Grundschulen Mobbing am Häufigsten vorkommt. So ergab diese Untersuchung, dass 13 Prozent der Schüler an der Grundschule ein- bis mehrmals wöchentlich gemobbt werden, was beispielsweise mehr als doppelt so oft als an Gymnasien ist.

5 Theoretischer Bezugsrahmen

In diesem Kapitel gehe ich kurz auf Begrifflichkeiten ein, die essentiell für die Masterarbeit sind. Zunächst gehe ich auf den Begriff Gewalt ein, weil Mobbing eine spezifische Form von Gewalt darstellt und dementsprechend zunächst geklärt werden sollte, was unter Gewalt zu verstehen ist. Im Folgenden werde ich auf den Begriff Mobbing sowie in Abgrenzung dazu auch auf den Begriff Konflikt eingehen. Schließlich werde ich noch auf die Begriffe Prävention und Intervention Bezug nehmen, da ich in der Masterarbeit Präventions- und Interventionskonzepte untersuchen werde.

5.1 Gewalt

In der Wissenschaft, aber auch in der Alltagssprache, gibt es keine einheitliche Definition des Begriffs „Gewalt". Im Gegenteil: Oftmals wird der Begriff mit inhalt-

lich verwandten Begrifflichkeiten wie Aggressivität, Aggression, Mobbing, Vandalismus und Kriminalität gleichgestellt, um nur einige zu nennen.

Zumindest herrscht Einigkeit darüber, dass Gewalt eine „absichtsvolle Schädigung von Menschen durch Menschen"[2] ausdrückt. Die Schädigung kann hierbei sowohl psychisch als auch physisch auftreten. Obwohl in der Wissenschaft Gewalt als eine Teilmenge von Aggression bezeichnet wird und zwar in der Form, dass es eine extreme Aggressionsform darstellt, werden die Begriffe immer mehr synonym gebraucht.

Inzwischen werden spezifische Erscheinungen schulischer Gewalt, sowohl in der Wissenschaft als auch in der öffentlichen Diskussion, mit dem Begriff Mobbing oder Bullying bezeichnet.

5.2 Mobbing

Mobbing stellt, wie bereits im vorhergehenden Unterkapitel erwähnt, eine spezifische Gewaltform dar. Mobbing kommt aus dem schwedischen Sprachraum des Wortes *mobbning* und kann mit *fertigmachen* oder *anpöbeln* übersetzt werden.

Anfangs wurde in Deutschland der Begriff Mobbing ausschließlich für das zielgerichtete, andauernde Belästigen am Arbeitsplatz benutzt. Inzwischen wird es jedoch zunehmend auch für die Schule, als Arbeitsplatz der Schüler, verwandt.

Der schwedische Professor Dan Olweus definiert Mobbing folgendermaßen: „Ein Schüler [...] wird gemobbt, wenn er oder sie wiederholt und über eine längere Zeit den negativen Handlungen eines oder mehrerer anderer Schüler oder Schülerinnen ausgesetzt ist".[3]

Der Begriff „Bullying", vom englischen *bully*, was *brutaler Mensch* oder *Tyrann* bedeutet, wird im schulischen Kontext oftmals synonym mit dem Begriff „Mobbing" gebraucht.

5.3 Konflikt

Wenn Kinder miteinander streiten oder auch kämpfen, jedoch psychisch und physisch kein Ungleichgewicht zwischen ihnen besteht, wird von einem Konflikt und nicht von Mobbing gesprochen. Im Gegensatz zu Mobbing bieten Konflikte

---

[2] Schubarth 2010: 16.
[3] Olweus 2006: 22.

den Schülern die Möglichkeiten, die eigenen und die Grenzen der anderen Kinder kennen und akzeptieren zu lernen.

5.4 Prävention

Unter dem Begriff „Prävention", der sich aus dem Spätlateinischen *praeventio* (= das Zuvorkommen)[4] ableiten lässt, versteht man Handlungen, die dazu dienen, einer gewissen Gefahr vorzubeugen, z.B. der Gefahr des Auftretens von Mobbing in der Schule. Im schulischen Zusammenhang wird von einer nützlichen Prävention gesprochen, wenn die jeweilige Schule es erreicht, soziale, aber auch personale Kompetenzen der Schüler zu fördern.

5.5 Intervention

Auch der Begriff „Intervention" kommt aus dem Spätlateinischen *interventio*[5] und bedeutet Einflussnahme, Einmischung, Klärung oder auch Eingriff.

Im Rahmen der Erziehungswissenschaften sollte man sich bei einer Intervention als Pädagoge stets fragen, wie und ob interveniert werden sollte. In jedem Fall muss interveniert werden, um einen möglichen Schaden von Personen zu verhindern.[6] Dies hat zur Folge, dass bei jeder Art von Mobbing interveniert werden sollte, denn Mobbing kann einen erheblichen Schaden verursachen - und das nicht nur beim Opfer selbst.

6 Methodisches Vorgehen

Wie bereits bei der Zielformulierung der Studie (vgl. Kapitel 1) erwähnt wurde, handelt es sich bei der geplanten Masterarbeit um eine Literaturarbeit. In diesem Rahmen wird auf den Begriff Mobbing, die Verbreitung sowie die Ursachen und Folgen von Mobbing im Kontext Schule eingegangen. Die Begriffsklärung des Begriffs „Mobbing" bildet hierbei die Basis für den Hauptteil der Arbeit, nämlich der Untersuchung ausgewählter Präventions- und Interventionskonzepte gegen Mobbing in der Grundschule. Ebenso wie eine eindeutige Definition des Begriffs Mobbing nimmt das selbst entwickelte Kriterienraster eine zentrale Position im Rahmen der Untersuchung ein, schließlich macht dieses eine angemessene

---

[4] Vgl. URL: http://www.duden.de/rechtschreibung/Praevention (Abruf am 03.10.2011).
[5] Vgl. URL: http://www.duden.de/rechtschreibung/Intervention (Abruf am 03.10.2011).
[6] Vgl. URL: http://de.wikipedia.org/wiki/Intervention_(Pädagogik) (Abruf am 03.10.2011).

Analyse der verschiedenen Konzepte erst möglich. Die ausgewählten präventiven und interventiven Programme gegen Mobbing werden mithilfe der programmeigenen Internetpräsenzen dargestellt und untersucht. Teilweise wird für die Untersuchung auf bereits bestehende Analysen der Programme in der Sekundärliteratur Bezug genommen, jedoch nur ergänzend und keinesfalls ausschließlich.

7 Zeitplanung für die Masterarbeit

Tag	Tätigkeit
Ab Anfang Juli	Allgemeine Literaturrecherche
Mitte Juli	Besprechung der Masterarbeit mit dem Dozenten
Ab Mitte August	Konkrete Literaturrecherche
Im September	Literatur lesen
21.September	Erneute Besprechung der Masterarbeit mit dem Dozenten
08. bis 22.Oktober	Theorie-Kapitel schreiben (2. und 3. Kapitel)
24. bis 27. Oktober	Kriterienraster konzipieren, darstellen und erläutern
28. Oktober bis 18. November	Untersuchung der ausgewählten Programme vornehmen
21. bis 23. November	Zusammenfassende Betrachtung der Analyse schreiben, Tabelle erstellen
Freitag, 25. November	Fazit schreiben
28./29. November	Einleitung schreiben
02./03. Dezember	Korrekturlesen
Sonntag, 04. Dezember	Gegenlesen durch Fremdkorrektur
06./07. Dezember	Erneutes Korrekturlesen
Samstag, 10. Dezember	Druckvorlage zum Copyshop bringen, kopieren und binden lassen
Montag, 19. Dezember	Persönliche Abgabe im Prüfungsbüro Grundschulpädagogik

8 Vorläufige Gliederung der Masterarbeit

Nach einer Einleitung, in der sowohl das Thema als auch die Struktur der Arbeit vorgestellt werden, wird zunächst der Frage „Was ist Mobbing?" nachgegangen, indem verschiedenste Elemente, die mit dem Begriff Mobbing zusammenhängen, erörtert werden, woraus schließlich eine Definition zum Begriff Mobbing resultiert, die für die vorliegende Masterarbeit gilt.

Darauf aufbauend soll der Zusammenhang von Mobbing und Schule herausgestellt werden. Dabei wird sowohl auf Statistiken als auch auf verschiedene Ursa-

chen für Mobbing eingegangen werden. Des Weiteren wird sich die Arbeit mit den Folgen des Mobbings in der Schule auf seinen unterschiedlichen Ebenen auseinandersetzen.

Den Schwerpunkt der Masterarbeit stellt jedoch, neben der Entwicklung eines Kriterienrasters, die Darstellung und Analyse ausgewählter Konzepte für die Grundschule dar, welche präventiv und interventiv gegen Mobbing entwickelt worden sind. Die Basis der Analyse beruht dabei auf ein konzipiertes Kriterienraster mit dem die verschiedenen Programme untersucht werden.

Es wird im Hauptteil der Arbeit folgendermaßen vorgegangen: Aufgrund der Tatsache, dass das Kriterienraster die Grundlage der Analyse bildet, wird dieses zuerst dargestellt und erläutert, bevor dann anschließend insgesamt vier Präventions- und drei Interventionskonzepte gegen Mobbing dargelegt und entsprechend des Kriterienrasters analysiert werden. Zur besseren Veranschaulichung erfolgt schließlich noch eine tabellarische Übersicht der einzelnen Konzepte mit den jeweiligen Untersuchungskriterien.

Abschließend werden im letzten Kapitel *Fazit und Ausblick* die wichtigsten Ergebnisse der Arbeit resümiert sowie ein Ausblick gegeben, inwiefern mit den vorliegenden, kategorisierten Programmen weitergearbeitet werden könnte.

Gliederung:

9 Literaturverzeichnis des Exposés

Alsaker, Françoise D. (2003):

Quälgeister und ihre Opfer. Mobbing unter Kindern – und wie man damit umgeht. Bern: Hans Huber Verlag.

Burck, Alexandra (2007):

Expertin: Mobbing ist eine „Art Volkssport". 500.000 pro Woche an Deutschlands Schulen. www.lichtblick99.de/ticker2341_07.html (Abruf am
02.10.2011).

Jannan, Mustafa (2008):

Das Anti - Mobbing - Buch. Gewalt an der Schule – vorbeugen, erkennen,
handeln. Weinheim/Basel: Beltz.

Jonas, Kai J. / Boos, Margarete / Brandstätter, Veronika (Hrsg.) (2007):

Zivilcourage trainieren! Theorie und Praxis. Göttingen: Hogrefe Verlag.

Kaspar, Horst (2002):

Streber, Petzer, Sündenböcke. Wege aus dem täglichen Elend des Schüler-
mobbings. Lichtenau: AOL-Verlag.

Linzbach, Holger/ Linzbach, Petra (2010):

Hinsehen und Handeln! Strategien gegen Mobbing in der Schule. München:
Oldenbourg.

Olweus, Dan (2006):

Gewalt in der Schule. Was Lehrer und Eltern wissen sollten – und tun können.
Bern: Hans Huber Verlag.

Schubarth, Wilfried (2010):

Gewalt und Mobbing an Schulen. Möglichkeiten der Prävention und Intervention. Stuttgart: Kohlhammer.

Schulze, Dr. Peter (LISUM) (o.A.):

Definition Prävention. http://bildungsserver.berlin-brandenburg.de/5995.html
(Abruf am 03.10.2011).

10 Vorläufiges Literaturverzeichnis der Masterarbeit

Alsaker, Françoise D. (2003):

Quälgeister und ihre Opfer. Mobbing unter Kindern – und wie man damit umgeht. Bern: Hans Huber Verlag.

Burck, Alexandra (2007):

Expertin: Mobbing ist eine „Art Volkssport". 500.000 pro Woche an Deutschlands Schulen. www.lichtblick99.de/ticker2341_07.html (Abruf am 02.10.2011).

Gebauer, Karl (2005):

Mobbing in der Schule. Düsseldorf/Zürich: Walter Verlag.

Gollnick, Rüdiger (2008):

Schulische Mobbing-Fälle. Analysen und Strategien. Berlin: Lit.

Jannan, Mustafa (2008):

Das Anti- Mobbing- Buch. Gewalt an der Schule – vorbeugen, erkennen, handeln. Weinheim/Basel: Beltz.

Jonas, Kai J. / Boos, Margarete / Brandstätter, Veronika (Hrsg.) (2007):

Zivilcourage trainieren! Theorie und Praxis. Göttingen: Hogrefe Verlag.

Kliegel, Matthias / Zeintl, Melanie / Windemuth, Dirk (2009):

Maßnahmen zur Prävention von Gewalt an Schulen: Bestandsaufnahme von Programmen im deutschsprachigen Raum. Literaturstudie. Berlin: Deutsche Gesetzliche Unfallversicherung.

Olweus, Dan (2006):

Gewalt in der Schule. Was Lehrer und Eltern wissen sollten – und tun können. Bern: Hans Huber Verlag.

Schröder, Achim / Rademacher, Helmolt / Merkle, Angela (Hrsg.) (2008):

Handbuch Konflikt- und Gewaltpädagogik. Verfahren für Schule und Jugendhilfe. Schwalbach: Wochenschau Verlag.

Schubarth, Wilfried (2010):

Gewalt und Mobbing an Schulen. Möglichkeiten der Prävention und Intervention. Stuttgart: Kohlhammer.